DES RELIQUES

DE

LA SAINTE COURONNE

D'ÉPINES

ET DE

LA VRAIE CROIX

DE

NOTRE - SEIGNEUR JÉSUS - CHRIST

appartenant à l'église de

NOTRE-DAME DE LA TREILLE ET S.-PIERRE

DE LILLE.

DES RELIQUES

DE

LA SAINTE COURONNE

D'ÉPINES

ET DE

LA VRAIE CROIX

DE

NOTRE - SEIGNEUR JÉSUS - CHRIST

appartenant à l'église de

NOTRE-DAME DE LA TREILLE ET S.-PIERRE

DE LILLE.

DES RELIQUES

DE

LA SAINTE COURONNE D'ÉPINES

ET DE

LA VRAIE CROIX

DE

NOTRE-SEIGNEUR JÉSUS-CHRIST

appartenant à l'église de

NOTRE-DAME DE LA TREILLE ET SAINT-PIERRE

DE LILLE.

I

L'existence et la conservation de la sainte Couronne [1] passaient pour constantes dans l'Eglise catholique au ve et au vi^e siècles. Saint Grégoire de Tours assure que, de son temps, on la conservait, aussi bien que la lance, le roseau et l'éponge. Vers 409, saint Paulin, évêque de Nole, supposait l'existence de la sainte Couronne, comme un fait notoire et incontestable.

[1] Cet exposé sur la sainte Couronne est extrait de la judicieuse *Notice historique et critique sur la sainte Couronne d'épines de Notre-Seigneur Jésus-Christ,* par M. l'abbé Gosselin, directeur au séminaire Saint-Sulpice. Paris, chez Adrien Leclère. 1828.

De plus, on doit tenir pour certain que la sainte Couronne qui se conservait, au XIIe siècle, dans la chapelle des empereurs de Constantinople, était la même dont Notre-Seigneur a été couronné au temps de sa passion. Cette tradition importante était admise de temps immémorial, au XIIe siècle, dans l'Eglise d'Orient, et reçue sans contradiction en Occident. L'empereur Alexis Comnène Ier, dès le temps de la première croisade, voulant exciter les princes chrétiens de l'Occident à venir au secours de Constantinople, menacée par les musulmans, leur représentait la profanation à laquelle étaient exposées les saintes reliques dont Constantinople était enrichie. « Il vaut bien mieux, écri-
» vait-il, en 1100, à Robert II, comte de Flandre,
» que la ville de Constantinople soit en votre pou-
» voir qu'en celui des païens ; car on y conserve
» des reliques infiniment précieuses de Notre-Sei-
» gneur Jésus-Christ, savoir : la colonne à laquelle
» il a été attaché, le fouet dont il a été flagellé...
» *la couronne d'épines dont il a été couronné....*
» Tous ces précieux objets doivent bien plutôt appar-

» tenir aux chrétiens qu'aux païens : ils seront un
» rempart tout-puissant pour les chrétiens qui les
» posséderont ; mais ils feront au contraire leur
» malheur et leur condamnation, s'ils les perdent
» par leur faute. »

Or, en 1238, Baudouin IX, empereur latin de
Constantinople, fit don à saint Louis de la sainte
Couronne du Sauveur. Etant venu en France chercher
du secours contre les Bulgares, il apprit que ses
ministres songeaient à engager à des étrangers cette
très-précieuse et très-vénérable relique. « C'est pour-
» quoi, dit-il au saint roi, je désire ardemment de
» vous faire passer ce riche trésor, à vous, mon
» cousin, mon seigneur et mon bienfaiteur, et au
» royaume de France, ma patrie. Je vous prie
» donc de vouloir bien la recevoir en pur don [1]. »

Saint Louis accepta cette offre avec tout l'em-
pressement d'une piété aussi tendre que solide et
généreuse ; et pour recueillir ce trésor inestimable, il
envoya aussitôt à Constantinople deux religieux do-
minicains, dont l'un avait habité cette ville et avait

[1] M. Michaud, dans l'*Histoire des croisades*, tome I, page 95, soutient l'authenticité de cette lettre.

eu plus d'une fois l'occasion d'y voir et d'y vénérer
la sainte Couronne. Avant de quitter Constantinople,
on prit toutes les précautions désirables pour cons-
tater l'authenticité de la relique, et l'empereur
Frédéric II, pour les protéger, fit escorter les
commissaires qui la transportaient en France.

Quand elle fut rendue à Troyes en Champagne,
le roi partit, accompagné de la reine sa mère, des
princes ses frères, de plusieurs prélats et seigneurs
de la cour. Le 10 août 1239, on ouvrit le vase
d'or qui renfermait la sainte Couronne. L'archevêque de Sens, qui était présent, fait remarquer,
dans l'histoire de cette translation écrite par ordre
de saint Louis, qu'on se figurerait difficilement les
vives émotions que le roi et la reine éprouvèrent
en ce moment.

Le lendemain la relique fut portée à Sens. A
l'entrée de la ville, le roi et Robert son frère,
comte d'Artois, la prirent sur leurs épaules, mar-
chant l'un et l'autre nu-pieds, aussi bien que les
prélats et les seigneurs qui les suivaient. On eût
dit que les sentiments du roi avaient passé dans

tous les assistants. Huit jours après, on fit à Paris la réception solennelle de la sainte relique. On avait dressé dans la campagne, près de l'église Saint-Antoine, une estrade fort élevée, d'où l'on montra la châsse à tout le peuple. Le roi et son frère la portèrent ensuite sur leurs épaules à l'église cathédrale, avec les mêmes marques d'humiliation et de respect qu'ils avaient fait à Sens. Après avoir chanté l'office, on alla déposer la châsse dans la chapelle du palais. Depuis cette époque, l'Eglise de Paris célèbre chaque année la mémoire de cette translation solennelle, le 11e jour d'août, sous le titre de Susception de la sainte Couronne d'épines.

L'archevêque de Sens, dans sa relation, assure « qu'au témoignage de personnes très-dignes de » foi, Notre-Seigneur manifesta en cette occasion » la vertu de la sainte relique, en guérissant mi-» raculeusement plusieurs malades qui l'avaient » pieusement vénérée [1]. »

---

[1] L'auteur de l'*Histoire du Bas-Empire*, Lebeau, ajoute « que non-seulement la sainte Couronne, mais même quelques épines que nos rois ont permis d'en détacher, ont opéré plusieurs miracles très-authentiques. » (Tome XXI, li XCVIII, nº 14.)

Plusieurs années après, saint Louis, ayant reçu de l'empereur Baudouin une portion considérable de la vraie Croix, fit bâtir la chapelle riche et élégante, dite *la Sainte-Chapelle*, que l'on admire encore aujourd'hui, très-artistement restaurée. Elle fut dédiée, le 25 avril 1248, sous le titre de *la Sainte-Couronne d'épines de Notre-Seigneur*.

Vinrent les jours de la révolution française. Les reliques de la Sainte-Chapelle, après avoir été déposées à Saint-Denis en mars 1791, transférées en 1793 à l'*Hôtel des monnaies*, furent portées à la *Commission temporaire des arts*, où elles demeurèrent sous la garde du secrétaire de la commission. Ce fut des mains de ce secrétaire que M. l'abbé Barthélemi, l'un des conservateurs des médailles antiques de la *Bibliothèque nationale*, obtint, en 1794, les débris de la sainte Couronne, qui y restèrent jusqu'en 1804, au mois d'octobre. A cette époque, S. E. Mgr le cardinal de Belloy, archevêque de Paris, réclama la sainte Couronne auprès de M. Portalis, ministre des cultes. Sur l'ordre du ministre, M. Millin, conservateur des médailles antiques, la remit, le 26 octobre 1804, à M. l'abbé d'Astros, grand vicaire de Paris [1].

Après deux ans d'enquêtes les plus sévères sur l'identité de la relique, S. E. Mgr le cardinal de Belloy reconnut solennellement la sainte Couronne, en présence de S. E. Mgr le cardinal Spina, archevêque de Gênes, des vicaires généraux et du Chapitre de Paris, et elle fut transférée avec une grande pompe dans l'église métropolitaine de Notre-Dame, le dimanche 10 août 1806.

Malgré les précautions prises pour placer la sainte Couronne dans son reliquaire, il s'en détacha plusieurs parcelles assez considérables. Celle qui vient d'être offerte à l'église de Notre-Dame de la Treille et Saint-Pierre, avait appartenu à feu Mgr de Quélen, archevêque de Paris, l'un des successeurs de S. E. Mgr le cardinal de Belloy. Cette parcelle, il est facile de le voir, n'est point une épine, et même, depuis longtemps, par suite des présents successifs faits à diverses églises, il n'y

[1] Il fut depuis évêque de Bayonne et archevêque de Toulouse.

avait plus une seule épine qui adhérât à la sainte Couronne[1].

Examinée de près, la sainte Couronne qui se conserve à Paris offre l'aspect d'une paille très-forte et très-touffue. Le pape Benoît XIV avait déclaré de son temps qu'on ne pouvait plus distinguer à coup sûr la matière de cette précieuse relique. Et en effet, il est aisé de comprendre, que l'action du temps a pu altérer cette matière végétale au point de la rendre méconnaissable. Heureusement que la question d'authenticité n'est nullement douteuse, et après tout c'est ce qui intéresse uniquement la piété des fidèles.

II

Les fragments considérables de la sainte Croix de Notre-Seigneur Jésus-Christ, récemment donnés à

[1] On conserve à Rome plusieurs épines entières ou fractionnées de la douloureuse Couronne du Sauveur :

Une à Saint-Jean-de-Latran : on en fait l'ostension le jour de Pâques ;

Trois à Sainte-Praxède : ostension le même jour ;

Deux à Saint-Pierre : ostension le lundi de Pâques ;

Portion d'une épine à Sainte-Marie *in Trastevere* : ostension le dimanche de Quasimodo ;

Portion d'une épine à Saint-Roch : ostension le 2ᵉ dimanche après Pâques ;

Trois épines à Saint-Marc : ostension le jour de la Pentecôte ;

Portion d'une épine à Sainte-Marie *in Campitelli* : ostension le jour de l'Assomption.   (*Année liturgique à Rome*. V. Didron. 1857.)

l'église de Notre-Dame de la Treille et Saint-Pierre de Lille par Mgr Louis-Joseph Delebecque, évêque de Gand, proviennent de la Tour de Londres ; ils ont été détachés d'une insigne relique du bois de la vraie Croix, reconnue comme authentique :

En 1702, par Mgr Jacques, archevêque de Tuam ;

En 1737, par Mgr Jean - Baptiste, évêque de Gand ;

En 1773, par Mgr Govard, évêque de Gand ;

Et le 18 octobre 1861, par Mgr L. - J. Delebecque, évêque de Gand.

Ces deux touchantes reliques vont être placées dans une grande croix en vermeil artistement travaillée. Cette croix sera exposée chaque année dans l'église de Notre-Dame de la Treille et Saint-Pierre, le vendredi après les Cendres, fête de la sainte Couronne d'épines de Notre-Seigneur Jésus-Christ ; tous les vendredis de Carême, et aux jours de l'Invention et de l'Exaltation de la sainte croix, 3 mai et 14 septembre.

Avant la révolution française, le 16 juillet de

chaque année, on célébrait dans l'ancienne Collégiale de Saint-Pierre de Lille, la fête de *l'Oblation de la sainte croix.* Au second nocturne des matines, on lisait les leçons suivantes :

LECTIO IV.

Cum Basílicam Sancti Petri à Balduíno Insulénsi Flándriæ Cómite exímiè fundátam sæculo undécimo, omnes post illum, tum Reges Francórum piíssimi, tum Flándriæ Cómites, singulári afféctu et benevoléntiâ prosecúti fúerint, nihil ipsis fuit antíquius quàm váriis munéribus ipsam certátim augére. Hinc álii privilégiis, álii prædiis regáli munificéntiâ Basílicam ditárunt : multi sacra mártyrum et aliórum sanctórum pígnora, in capsis et féretris mirum in modum constrúctis et ornátis, ad ornaméntum templi, et pietátem augéndam, concessérunt. Quæ quidem ómnia divérsis tempóribus Capítulo oblata splendórem máximum et decus Collégio Sancti Pétri addidérunt. Unum tamen célebri Basílicæ déerat, pretiósum scílicet sanctæ Crucis lignum in quo salus nostra pepéndit, et cui affíxum fuit chirógraphum illud decréti quod erat contrárium nobis.

LECTIO V.

Votis non défuit Deus omnípotens : nam urbe Constantinopolitánâ captâ, labefactáto Græcórum Império, Balduínus Flándriæ Comes à victóribus Latínis Imperátor renunciátus, summâ rerum et sólio potítus est. Imménsus erat in urbe diréptâ sacrárum reliquiárum thesaúrus. Haud exíguam partem ligni sanctæ Crucis obtínuit Waltérus de Curtráco, Balduíni Imperatóris Cancellárius. Egrégius ítaquè vir, pio Imperatóre à Búlgaris non impiè minùs quam fœdè et crudéliter trucidáto, in pátriam redux, pretiósum illud redemptiónis nostræ pignus óbtulit Capítulo. Ab eo quâ par erat reveréntiâ recéptum fuit et asservátum, et ad perénnem rei memóriam in dypticis Ecclésiæ benefactóris nomen consecrátum fuit.

LECTIO VI.

Venerándum ítaquè sanctæ Crucis lignum in pretiósa thecâ, fabríli arte, auro, gemmis, pretiosísque lapídibus et margarítis contéctâ et instrúctâ, appósitum fuit ; quod in solemnióribus festis plúries in anno, piæ ómnium veneratióni, nec sine crebérrimo concúrsu, fidélium ósculis offértur. Nec fuit satis, in majóribus anni festis iísque diébus Inventióni et Exaltatióni sanctæ Crucis peculiáriter dicátis, públicum obséquium et cultum signo Fílii hóminis præstáre : singuláre festum Oblatiónis sanctæ Crucis in Basílicâ nostrâ, ipso Susceptiónis die à Capítulo institútum fuit : et quotánnis ritu dúplici celebrátum. Pro corónide tam pii óperis, et ad extolléndum sanctæ Crucis cultum, Dóminus Joánnes Le Batteur, Thesaurárius et Canónicus hujus Ecclésiæ, capellániam sub invocatióne sanctæ Crucis próprio ære fundávit.

IVᵉ LEÇON.

« La Basilique de Saint-Pierre ayant été fondée
» avec éclat par Baudouin de Lille, comte de Flandre,
» à son imitation, les rois de France les plus reli-
» gieux, aussi bien que les comtes de Flandre, firent
» de cette Basilique l'objet de leur affection et bien-
» veillance spéciales, et n'eurent rien tant à cœur
» que de l'enrichir comme à l'envi de toutes sortes
» de présents. C'est ainsi que les uns lui octroyèrent
» des priviléges, d'autres avec une munificence
» princière la dotèrent de biens-fonds, et la plu-
» part offrirent en présents des corps saints de
» martyrs et autres bienheureux, renfermés dans
» des châsses ou reliquaires du plus beau travail
» et du plus grand prix, pour orner la maison de
» Dieu et y favoriser l'accroissement de la piété. La
» multitude des ces libéralités, faites au Chapitre
» à des époques successives, firent rejaillir un très-
» grand lustre et une véritable gloire sur la Collé-
» giale de Saint-Pierre. Il ne manquait plus qu'une
» chose à la célèbre Basilique : le privilége de

» posséder du bois de la croix où a été suspendu
» Celui qui fut notre salut, et où fut attachée la
» cédule de condamnation qui était contre nous. »

Vᵉ LEÇON.

« La divine Providence y pourvut; car à la prise
» de Constantinople, l'empire grec ne pouvant plus
» se soutenir, Baudouin, comte de Flandre, pro-
» clamé empereur par les Latins victorieux, fut
» investi de l'autorité souveraine et monta sur le
» trône. Dans la ville conquise se trouvait un trésor
» contenant une quantité incalculable de saintes
» reliques. Un morceau considérable du bois de la
» sainte Croix[1] échut à Wautier de Courtrai, chan-
» celier de l'empereur Baudouin. Or, les Bulgares
» ayant, dans un accès d'impiété, fait subir au
» religieux empereur une mort aussi ignominieuse
» que cruelle, le pieux chancelier rentra dans sa
» patrie, et donna au Chapitre de Saint-Pierre ce
» précieux gage de notre rédemption. Reçu par le

---

[1] Cette magnifique relique a été sauvée au temps de la terreur; c'est celle que l'on vénère dans l'église paroissiale de Saint-Étienne, à Lille.

» Chapitre avec toute la révérence possible, il fut
» religieusement conservé; et pour en garder à
» jamais le souvenir, le nom du bienfaiteur fut ho-
» norablement inscrit dans les annales de l'Eglise. »

VIe LEÇON.

« Quant à la précieuse relique de la sainte Croix,
» elle fut placée dans un magnifique reliquaire artis-
» tement ciselé, recouvert et garni d'or, de bril-
» lants, de pierres fines et de perles[1]. Plusieurs
» fois l'année, aux grandes fêtes, on l'expose à la
» vénération des fidèles, au milieu d'un concours
» immense de peuple, qui la couvre de ses religieux
» baisers. On ne se borna pas à rendre ces hon-
» neurs solennels à l'étendard du Fils de l'homme,
» les jours des principales fêtes de l'année, ainsi
» qu'aux jours de l'Invention et de l'Exaltation de
» la sainte Croix; car en outre une fête particu-

[1] Les fidèles qui tiendraient à honneur d'offrir un brillant ou une pierre précieuse pour l'ornementation de la croix de vermeil destinée à contenir les reliques de la sainte Couronne et de la vraie Croix données à l'église de Notre-Dame de la Treille et Saint-Pierre, peuvent les faire remettre à M. Desbouvry, orfèvre, place du Théâtre, à Lille, chargé de la confection du reliquaire.

» lière, dite de l'Oblation de la sainte Croix, fut
» par le Chapitre instituée dans notre Basilique, et
» fixée au jour même de la Susception de la véné-
» rable relique; on la célèbre du rit double annuelle-
» ment. Pour couronner l'œuvre, et afin d'accroître
» le culte de la Croix du Sauveur, Jean Le Batteur,
» trésorier et chanoine de cette église, a fondé de
» ses deniers un bénéfice de chapelain sous l'invo-
» cation de la sainte Croix. »

VU ET PERMIS D'IMPRIMER.

Cambrai, 2 décembre 1861.   BERNARD , VIC. GÉN.

— Lille Typ. L. Lefort. 1861. —